OBJETS D'ART

ET

D'AMEUBLEMENT

Appartenant à Monsieur M. CIVIALLE

(DEUXIÈME VENTE)

PARIS 1911

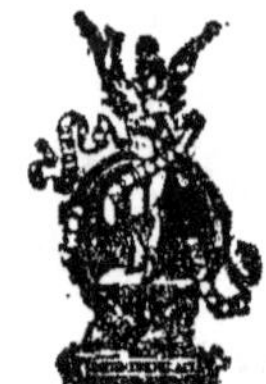

CATALOGUE

DES

OBJETS D'ART

ET

D'AMEUBLEMENT

PORCELAINES DE LA CHINE ET DU JAPON

OBJETS VARIÉS, SCULPTURES

PENDULES — BRONZES

SIÈGES ET MEUBLES

Appartenant à Monsieur M. CIVIALLE

ET DONT LA VENTE, POUR RAISON DE SANTÉ, AURA LIEU A PARIS

HOTEL DROUOT, SALLE Nº 6

LE LUNDI 27 FÉVRIER 1911

à deux heures

COMMISSAIRES-PRISEURS

Mᵉ G. COULON

12, rue de la Victoire

PARIS

Mᵉ HENRI BAUDOIN

Successeur de M. PAUL CHEVALLIER

10, rue Grange-Batelière

EXPERTS

MM. MANNHEIM

7, rue Saint-Georges

EXPOSITION PUBLIQUE

Le Dimanche 26 Février 1911, de 1 h. 1/2 à 5 h. 1/2

Dᶜ 5417

CONDITIONS DE LA VENTE

Elle sera faite au comptant.

Les adjudicataires paieront *dix pour cent* en sus des enchères.

Paris. — Imp. de l'Art, Ch. Berger, 41, rue de la Victoire.

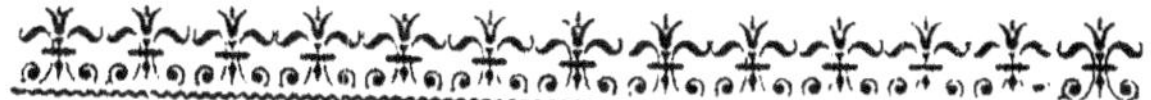

DÉSIGNATION

FAIENCES & PORCELAINES

1 — Trois écuelles variées en faïence de Manissès.

2 — Deux cruches de pharmacie variées, à feuillages sur fond bleu. Faïence italienne.

3-4 — Cinq potiches variées, décorées en bleu, en ancienne faïence de Delft.

5 — Cache-pot, décor blanc de style antique sur fond bleu. Biscuit de Wedgwood.

6 — Deux statuettes en biscuit : Amour et Psyché debout.

7 — Sucrier rond avec couvercle en ancienne porcelaine de Chine, époque Kien-lung, à fleurs sur fond capucin.

8 — Grosse potiche, décorée de guerriers, en porcelaine de Chine.

9 — Deux potiches avec couvercles en porcelaine de Chine, à décor de personnages et arbustes.

10 — Deux cornets, décorés de grosses feuilles sur
fond marron. Porcelaine de Chine.

11 — Deux potiches avec couvercles en porcelaine de
Chine, décor bleu de dragons ; petits mascarons
sur l'épaulement.

12 — Deux cornets en porcelaine de Chine, décorés
de personnages en bleu, avec lambrequins haut
et bas.

13 — Grosse potiche en porcelaine de Chine, décorée
de paysages animés en bleu.

14 — Vase piriforme en porcelaine de Chine, décoré
de dragons gravés sous couverte violacée.

15 — Vase à col étroit émaillé rouge violacé en porcelaine de Chine.

16 — Bouteille émaillée rouge flambé en porcelaine
de Chine.

17 — Grand pot ovoïde en porcelaine de Chine, à
décor de branchages réservés en blanc sur fond
bleu caillouté.

18 — Potiche, décorée d'une scène familiale, en porcelaine de Chine.

19 — Coupe octogone, décorée de caractères d'écri-
ture, en porcelaine de Chine.

20 — Deux pots ovoïdes avec couvercles, à décor de
fleurs et papillons en dorure sur fond bleu
fouetté. Porcelaine de Chine.

21 — Deux potiches avec couvercles, décorées de
réserves contenant des arbustes sur fond ver-
miculé.

22 — Deux potiches avec couvercles, décorées de
lambrequins sur fond à imbrications rouges.
Porcelaine de Chine.

23 — Deux potiches avec couvercles, décorées de
grands oiseaux. Porcelaine de Chine.

24 — Deux potiches, décorées de scènes familiales
dans des paysages montagneux. Porcelaine de
Chine.

25 — Deux pots ovoïdes avec couvercles, à décor de
scènes familiales. Porcelaine de Chine.

26 — Deux bouteilles avec renflement au col en
céladon gris craquelé de la Chine.

27 — Deux grands vases en céladon vert de la
Chine gaufré, décor d'arbustes.

28 — Grande vasque ronde, décor de fleurs et lambrequins en bleu. Porcelaine de Chine.

29 — Trois figurines variées en porcelaine de
Chine.

30 — Aiguière et bassin, à décor de fleurs en bleu, rouge et or. Porcelaine du Japon.

31 — Deux potiches ovoïdes avec couvercles, décor bleu, rouge et or de chrysanthêmes et cordelettes. Porcelaine du Japon.

32 — Statuette de personnage auprès d'un dragon en porcelaine du Japon.

33 — Grosse potiche avec couvercle en porcelaine du Japon, à décor bleu, rouge et or de grosses fleurs.

34 — Statuette en grès de la Chine de personnage barbu.

35 — Statuette en grès brun de personnage auprès d'un oiseau.

36 — Grosse potiche à pans avec couvercle en poterie du Japon, à décor de branches fleuries et oiseaux.

37 — Cache-pot en porcelaine tendre, décoré de fleurs, avec anses rocailles.

38-39 — Lot de plats et assiettes en porcelaine et faïence variées. (Seront divisés.)

OBJETS VARIÉS

40 — Croix processionnelle en bronze gravé, avec Christ en relief. xvie siècle.

41 — Croix processionnelle, revêtue de cuivre, à sujets saints. xviie siècle.

42 — Tableau-reliquaire, à sujet saint, dans un cadre en bois noir avec appliques d'argent et de cuivre. xviie siècle.

43 — Petit tableau rectangulaire en marqueterie de bois de couleur, figurant la Cène. Travail italien, xviiie siècle.

44 — Haut relief sans fond en bois sculpté, présentant le Christ à la colonne. xvie siècle.

45 — Groupe en bois sculpté : Saint Martin. xviie siècle.

46 — Grand bas-relief en bois sculpté, peint et doré, présentant l'Adoration des Mages. xviie siècle.

47 — Deux grands bas-reliefs en bois sculpté, à sujets tirés de la Vie du Christ. xviie siècle.

48 — Statuette en bois sculpté et peint de saint Jean-Baptiste debout. xviie siècle.

49 — Dessus de dais, à lambrequins, en bois doré.

50 — Encadrement en bois doré, à colonnettes cannelées, présentant au centre un bas-relief en fer doré à sujet saint.

51 — Bénitier dans un cadre en bois doré à fond de glace, du XVIIIe siècle.

52 — Miroir ovale dans un cadre en bois sculpté et peint vert à grosses feuilles. XVIIIe siècle.

53 — Bocal en argent doré, décoré de marines et sur tige dauphin.

54 — Deux statuettes : la Vierge et Saint Jean, en ivoire.

55 — Petite boîte simulée en spath fluor.

56 — Harpe en bois sculpté, du temps de Louis XVI.

57 — Petit bas-relief rectangulaire en marbre blanc, à sujet tiré de l'Histoire romaine, XVIIIe siècle. Cadre en bois noir.

58 — Petit médaillon rond en marbre, présentant un buste d'homme en bas-relief. Époque Louis XVI.

59 — Médaillon ovale en marbre blanc, présentant en bas-relief une tête de Christ.

60 — Socle-applique en bois sculpté, peint noir et or, à figures d'amours et mascarons.

61-62 — Six coffrets variés.

63 — Tromblon et pistolet oriental.

64 — Rondache en cuivre repoussé, présentant au centre la figure de la Gorgone.

65 — Modèle de canon en bronze, sur affût en bois peint vert.

66 — Coffret rectangulaire, plaqué de nacre et d'écaille. Travail oriental.

PENDULES, BRONZES

67 — Pendule en bois, à décor de moulures, surmontée d'une poignée en bronze. Cadran également en bronze. XVIIe siècle.

68 — Pendule sur socle-applique en marqueterie de cuivre ; garniture de bronzes tels que : figure de Renommée, etc. XVIIe siècle.

69 — Applique en bronze, figurant un personnage jouant de la basse de viole. Époque Louis XV.

70 — Pendule en marbre blanc et bronze doré, en forme de portique, supportant le mouvement accosté de deux vases. Commencement du XIXe siècle.

71 — Petit buste de Voltaire en bronze, sur base cannelée. Époque Restauration.

440

72 — Deux petits bustes en bronze : Turenne et Tourville, sur base en marbre bleu turquin.

192

73 — Deux petits bustes en bronze à patine brune : Faune et faunesse.

1.120

74 — Deux grandes appliques, à nombreuses lumières, en bronze doré, les bras de lumière prenant naissance sur une lyre entourée de feuilles de lauriers.

1.450

75 — Deux vases en granit rose, garnis de mufles de lions et de guirlandes en bronze.

1.320

76 — Groupe, petite nature, en bronze à patine brune, représentant deux femmes debout, figurant une source. Base en bois garnie de bronzes.

1.500

77 — Deux grands candélabres en bronze patiné et doré, à figures de bacchant et bacchante soutenant une corne d'abondance. Bases en porphyre.

600

78 — Deux candélabres à trois lumières en bronze patiné et doré, à figures de femmes, sur bases rondes en marbre blanc.

760

79 — Deux statuettes en bronze à patine brune : Vénus et Narcisse. Bases en marbre vert.

170

80 — Pendule, de forme contournée, en marqueterie de cuivre sur écaille ; garniture de bronzes, tels que cadran, chutes et petits vases.

81 — Pendule en bronze doré, à mouvement accosté
d'une statuette d'amour tenant un médaillon.

82 — Pendule en bronze doré, à décor de mascarons, sur socle en marbre blanc garni de bronzes.

83 — Petite pendule en bois noir, cadran en cuivre
gravé, poignée de bronze.

84 — Cartel en bronze doré, à guirlandes, surmonté
d'un vase à têtes de béliers.

85 — Deux vases surbaissés avec couvercle en
marbre gris ; garniture de bronzes.

86 — Deux groupes en bronze : les Chevaux dits de
Marly.

87 — Deux chandeliers en bronze ajouré, en forme
de balustres.

88 — Deux candélabres, à sept lumières, en bronze
argenté, décor de rocailles.

SIÈGES ET MEUBLES

89 — Petit cabinet en bois noir, avec encadrements
guilloché ; garnitures de cuivres. Les tiroirs inté-
rieurs sont revêtus de fer gravé et partiellement
doré. XVIIe siècle.

90 — Commode à trois tiroirs en bois de placage,
garnie de bronzes dorés, à décor de mascarons
et fruits. Époque Régence.

91 — Commode à trois rangs de tiroirs, plaquée de palissandre et garnie de bronzes. Époque Régence.

92 — Console en bois ajouré, sculpté et doré, à décor de rocailles et fleurs, avec écusson armorié sur le croisillon d'entrejambes, tablette de marbre. Époque Louis XV.

93 — Trois chaises et trois fauteuils, du temps de Louis XV, en bois sculpté et peint gris, sièges et dossiers cannés.

94 — Commode à trois rangs de tiroirs en marqueterie de bois de couleur à fleurs; dessus de marbre. Époque Louis XV.

95 — Commode à deux tiroirs en bois de placage, garnie de bronzes; dessus de marbre. Époque Louis XV.

96 — Petite commode à trois tiroirs en bois de placage, signée : *Ellaume*, époque Louis XV; dessus de marbre. Elle a été regarnie de bronzes.

97 — Secrétaire à abattant et deux portes en bois de placage, signé : *Lafolie*. Époque Louis XV.

98 — Commode à deux rangs de tiroirs en marqueterie de bois de couleur à quadrillés; garniture de bronzes; dessus de marbre. Époque Louis XV.

99 — Encoignure à une porte en marqueterie de bois de violette; dessus de marbre. Époque Louis XV. Signée : *Dubois*.

100 — Commode à deux rangs de tiroirs en bois de violette ; garniture de bronzes ; dessus de marbre brèche d'Alep. Époque Louis XV.

101 — Bureau à dos d'âne en bois de placage, entrées de serrures et chutes en bronze. Époque Louis XV.

102 — Secrétaire droit à abattant et tiroir, plaqué d'acajou ; dessus de marbre. Époque Louis XVI.

103 — Table de dame ovale à deux tiroirs, avec tablette d'entre-jambes, bois de placage ; dessus de marbre blanc, galerie de cuivre. Époque Louis XVI

104 — Grand secrétaire à abattant, avec portes à la partie inférieure, plaqué d'acajou. Époque Louis XVI. Il a été regarni de bronzes ; dessus de marbre.

105 — Horloge à gaine en bois de placage, mouvement signé : *Pierre Droz, Bourg*. Époque Louis XVI.

106 — Petite console en bois sculpté et doré, à rocailles et feuillages, sur quatre pieds reliés par un croisillon ; dessus de marbre. Italie, xviiie siècle.

107 — Console, de forme contournée, en bois sculpté et doré, à décor de dragons et de rocailles ; dessus de marbre. Italie, xviiie siècle.

108 — Console en bois sculpté et doré, à décor de
guirlandes de fleurs et feuillages, sur quatre
pieds à cannelures torses, galerie de cuivre,
dessus de marbre. Fin du xviiie siècle.

150

109 — Console en bois sculpté et doré, sur pieds
carrés, à décor de mascarons et de rinceaux ;
dessus de marbre. Italie, fin du xviiie siècle.

435

110 — Bureau à cylindre en acajou : dessus de
marbre blanc, galerie de cuivre. Fin du xviii^e
siècle.

155

111 — Meuble à hauteur d'appui à deux portes, les
vantaux des portes en ancienne laque de Hol-
lande, de style chinois. Dessus de marbre.

112 — Petit coffre carré en bois sculpté, orné de
panneaux à fenestrages gothiques et avec mascarons au milieu.

113 — Table en bois sculpté, sur piètement à neuf
balustres.

105

114 — Petit paravent en bois sculpté et doré à rocailles, orné de peintures à sujets de marines.

300

115 — Meuble à hauteur d'appui, à côtés cintrés, en
acajou. Il ferme à trois portes ; garniture de
bronzes dorés ; dessus de marbre blanc.

116 — Chiffonnier à six tiroirs en bois de placage,
garni de bronzes ; dessus de marbre.

117 — Grand fauteuil à dossier carré en bois sculpté
à feuillages, couvert en velours rouge à grands
ramages.

118 — Table rectangulaire en cuivre incrusté d'é-
bène, pieds cambrés.

119 — Table-coiffeuse en bois, avec entrées de serrures, poignées et chutes en bronze.

120 — Petite table, de forme contournée, à un tiroir, avec tablette d'entrejambes, bois de placage.

121 — Table tronchin en acajou, sur pieds carrés ;
dessus de cuir.

122 — Console rectangulaire en bois sculpté, à
décor de cannelures, sur pieds également cannelés ; dessus de marbre.

123 — Grand tabouret rectangulaire en bois, sur
pieds tors, recouvert en ancienne tapisserie au
point à fleurs.

124 — Petite armoire vitrée en bois de placage,
garnie de bronzes.

125 — Petite table à un tiroir, de forme contournée,
garnie de bronzes ; dessus de peluche.

126 — Écran en bois sculpté et peint gris, feuille
en tapisserie à fleurs sur fond crème.

127 — Table-bureau à un tiroir, de forme contournée, en bois de placage, garnie de bronzes ; dessus de cuir.

128 — Table-bureau rectangulaire en acajou à un tiroir, sur pieds carrés cannelés ; dessus de cuir.

129 — Table rectangulaire à deux tiroirs en acajou, garnie sur les tiroirs d'une frise de grecques en bronze.

130 — Table à jeu en bois de placage à un tiroir, garnie de bronzes ; dessus formant échiquier.

131 — Grande table-bureau à trois tiroirs, plaquée d'acajou, pieds cannelés ; dessus de cuir.

132 — Table-coiffeuse en bois, sur pieds cannelés.

133 — Table à jouer en acajou, garnie de cuivre, de forme rectangulaire.

134 — Bureau à dos d'âne, plaqué de palissandre et garni de bronzes.

135 — Trois chaises en bois sculpté à moulures, sièges et dossiers cannés, pieds cambrés.

136 — Trois chaises en bois sculpté, sur pieds cannelés, couvertes en velours vert ciselé.

137 — Encoignure en bois, décorée au vernis de nombreux personnages ; le dessus forme étagère.

www.ingramcontent.com/pod-product-compliance
Lightning Source LLC
LaVergne TN
LVHW020853200726
843508LV00003B/1180